삶과 죽음의 갈림길에서

일러두기

본문에 사용한 '>'표시는 연과 연 사이의 '빈 줄'을 나타냅니다.

| 시선집을 엮으며 |

　중학교도 졸업 못한 전라도 진도 촌놈이 월남 파병 국가유공자로 전매청에 입사하여 결혼도 하고 자식을 낳고 키우면서 행복한 삶을 누리다가 2002년 10월 충남대 의대에서 아내가 폐암 3기로 수술을 할 수 없다는 판정을 받고 일산 국립암센터로 이송하였으나, 각종 검진 결과는 이곳에서도 수술이 불가능하다며 항암 주사와 방사선 치료를 함께했는데 2년 후 암 말기 4기로 더 이상 집사람 생명을 연장할 수 없다기에 집 가까운 을지대학교병원으로 옮겨 투병 중 2005년 12월 26일 나와 아들이 지켜보는 가운데 유명을 달리했다.

　3년간 집사람 간병을 하며 쓴 일기로 등단도 하지 않고 2014년 4월 시집 『먼 훗날』을 출간하고 문학사랑 리헌석 회장님의 권유로 이곳에서 시 공부를 하여 2015년 3월 문학사랑 신인작품상에 응모, 당선되어 2015년 9월 두 번째 시집 『진도 육자배기』를 출간했다. 나도 방광암에 걸려 을지대학교병원에서 시술을 받고 투병 생활의 아픔을 시로 빚어 2016년 5월에 세 번째 시집 『한정민 병상일기』를 출간했다. 2018년 5월에 대전보훈병원에서 MRI 검진으로 국민건강보험공단에서 치매 5등급을 받고 간병인의 도움으로 생활하면서 2020년 5월 대전문화재단으로부터 일부 지원금을 받아 네 번째 시집 『전라도 촌놈』을 출간했다.

치매는 아직 완치 약이 없지만, 인지 기능 악화 방지와 진행 속도를 늦추는 약을 복용하면서 『마음속의 외딴방』이라는 다섯 번째 시집을 출간했다.

시선집에는 첫 번째 시집 『먼 훗날』, 두 번째 시집 『진도 육자배기』, 세 번째 시집 『한정민 병상일기』, 네 번째 시집 『전라도 촌놈』, 다섯 번째 시집 『마음속의 외딴방』에서 작품을 가려 뽑아 한 권의 시선집을 묶었다.

가난 때문에 월남 파병을 지원하여 베트콩과 총칼을 마주하고 생과 사를 넘나드는 전쟁을 하면서 쓴 시들을 특집으로 함께 했다. 파란만장한 내 삶의 흔적을 단 한 사람만이라도 감명 깊게 읽고 시의 향기에 취한다면 감사하겠다.

| 목차 |

시선집을 엮으며 • 5

제1부 먼 훗날

항암 주사 1 • 15
항암 주사 2 • 16
방사선 치료 • 17
일반 병실 • 18
중환자실 • 19
큰 바늘 • 20
당신이 이승을 떠나면 • 21
임종 • 22
먼 훗날 • 24
납골당 • 26
옷장 정리 • 27
사십구재 • 28
영정사진 • 30
신탄진 장날 • 31
아픔만 남기고 • 33
외로움 • 34

제2부 진도 육자배기

진도 • 37
진도 육자배기 • 38
웃음 • 39
내가 사는 이유 • 40
시 • 42
아픈 손가락 • 43
어머니는 설암 말기 • 44
아버지 • 46
별 1 • 47
늙는다는 것 • 48
행복 • 49
삶의 그림을 그리다 • 50
따뜻한 겨울 • 51
황혼에 핀 꽃 • 52
여름날 오후 • 53

제3부 한정민 병상일기

피 • 57
CT 검사 • 58
세포 검사 • 59
방광암 • 61

입원 • 62

시술 • 64

표재성 암 • 66

암 병동 • 67

간호사 • 68

BGC 약물요법 • 70

BCG 부작용 • 71

방광 내시경 • 72

회생 • 73

병에는 박사 • 74

새벽길 • 75

내일 • 76

제4부 전라도 촌놈

고향 • 79

전라도 촌놈 • 80

병과 친구로 산다 • 82

진도아리랑 • 84

절구통 • 85

검정 고무신 • 86

첫걸음마 • 87

아내의 망초꽃 • 88

보석 • 89

노년의 외출 • 90

봄꽃 • 91
혼밥이 싫어 • 92
양성산 약수 • 93
도시락 • 94
우렁각시 • 95
내일 • 96

제5부 마음속의 외딴방

치매의 개념 • 99
마음의 빛 • 100
건망증 • 101
알츠하이머 1 • 102
알츠하이머 2 • 103
눈물 • 104
별 2 • 105
변덕 • 106
요양보호사 • 107
섬처럼 • 108
천사 • 109
이쁜 치매 • 110
노인정 • 111
건방진 할배 • 112
고독사 • 113
명함 • 114

제6부 월남 파병

월남 파병 • 117
어머니의 눈물 • 118
월남으로 • 119
부산항에서 • 120
바다를 건너며 • 121
퀴논 항 • 122
땅굴 막사 • 124
퀴논의 첫날밤 • 125
연화(煙火) • 126
기와집 • 127
위문편지 • 128
졸음 • 129
꽃 • 130
지옥 • 131
김 상병아! • 132
오작교 전투 • 133
영원한 전우여 • 134
못다 부른 노래 • 135
낙화 • 136
용서 • 137

작품 해설_ 문학평론가 이규식 • 139

삶과 죽음의 갈림길에서

제1부

먼 훗날

아내가
암으로 국립암센터를 오가며
삶과 죽음을 넘나들던 3년 세월을
간병하면서 겪었던 많은 사연 중의
16편을 골라서
제1부 먼 훗날을 엮었다.

항암 주사 1

아내가
암으로 국립암센터에
입원을 했습니다

주치의가
폐암 3기로
수술을 할 수 없다고 해

생명을
더 연장하려고
항암 주사를 맞는데

당신
머리카락이
한두 개씩 빠지기 시작합니다

보기는
흉하지만
곧 다시 돋는다고 하니

여보
우리 어떤 고통도
참고 이겨냅시다.

항암 주사 2

암으로
삶과 죽음의 갈림길
3년 세월

각종
항암 주사와
방사선 치료를 했지만

주치의가
폐암 말기로
더 이상 치유할 수 없다고 해서

집 가까운
을지대학병원으로
옮겼습니다

하나님
집사람이 고통 없이
이승을 떠날 수 있도록 도와주세요

두 손 모아
기도를 드립니다.

방사선 치료

방사선
기사들이 당신 가슴에
그림을 그립니다

열일곱 번
항암 주사도
가슴 파고드는 통증을
막을 길 없어

내일부터
방사선 치료를 한다고 합니다

항암 주사보다
더 큰 어려움과 고통이
뒤따를 수 있다고 하지만

당신 생명을
연장할 수 있다기에
우리 함께 노력합시다.

일반 병실

가슴
통증 때문에

간호사에게
아픔을 참을 수 없다고
진통제 양을 올려달라고 하더니

오늘은
주치의가
중환자실로 옮겨야 한다고 합니다

여보
숨을 거두지 말고
꼭 살아서

일반 병실로
돌아와야 합니다.

중환자실

12층
일반 병실에서
중환자실로 옮겼습니다

간호사가
혈압 체온을 체크하며
분주하게 움직이고

의사는
오늘 밤을
넘길 수 없을 것 같다고 합니다

여보
죽지 말고
꼭 살아야 합니다

나는
안내원에 떠밀려
병실 문을 나섭니다.

큰 바늘

팔
다리가 부어올라
링거 바늘을 꽂을 수 없어

당신
가슴팍 동맥에
큰 바늘을 꽂는다고 합니다

수액
혈압 강장제
각종 약을 다 써보았지만

의사는
혈압이 떨어지고
맥박이 고르지 못하니

병실에서
멀리 가지 말고
밖에 나가 기다리라고 합니다.

당신이 이승을 떠나면

여보
눈이라도
한 번 떠 보오

아들딸
남편도 알아보지 못하고
가쁜 숨만 몰아쉽니다

지금
당신이 이승을 떠나면
나는 어찌 살까?

목이 터져라
울부짖는 자식과
남편을 남겨놓고

내 가슴에
빈 발자국만 남긴 채
이 세상을 떠나려 합니다.

임종

오후
4시 30분
중환자실 주치의가
임종이 다가왔다고

가족
친지에게
연락하라며
바쁘게 움직입니다

어제
진도에서 면회 오신
형님과 조카는
고향으로 내려갔고

당신 엄마
언니 처남들은 연락해도
아직 도착을 하지 않습니다

담당 의사는
당신 얼굴에
하얀 가운을 덮고 나서

병실 문을 나섭니다

명진이 하고
둘이 외롭게
임종을 지켰습니다.

먼 훗날

당신은 떠났습니다

아주 먼
하늘나라
하나님 곁으로

사랑하는
아들딸과 나를 두고
머나먼
저승길로 갔습니다

여보
이승에서
마지막으로
당신을 소리쳐 불러봅니다

진실로 고백하건대
살아생전에
당신만을 사랑했습니다

지금은
당신 곁으로 가지 못해도

먼 훗날
먼저 간 당신이 부르면

그때 웃으면서
당신 곁으로 가렵니다.

납골당

당신 시신을
유골함에 담아
시립 구봉산 납골당에 도착했습니다

열한 시
가족 친지들의
슬픔 속에

마지막
영결식을 마치고
납골당 관리인은

지하 1층
1969번에 안치를 하고
문을 닫습니다

여보
삼우제 날
우리 함께 다시 오리라.

옷장 정리

오늘은
장롱 속 당신 옷장을
정리합니다

여보
옷장 서랍 속에
당신의
손때가 묻어

버리기 아까운 물건들을
하나둘씩 꺼내서
보따리에
챙겨서 묶고 있습니다

많은 날
당신이 입었던
낯익은 옷들이
검은 연기 속에 사라져 갑니다

그래도
둘이 손을 잡고 산을 오를 때 입었던
빨간 등산복은
태우지 않고 남겼습니다.

사십구재

정월
대보름
당신이 내 곁을 떠난 지
49일

우리 가족 모두
구봉산
납골당에서
당신을 위한 기도를 합니다

여보
지금도
나는 자나 깨나
당신 생각을
잊어본 적이 없습니다

오늘부턴
당신 생각을 잊고
새로운 삶을
살아가렵니다

당신도

49재가 지났으니
하늘나라에서
더 좋은 세상을 맞아
잘 살기 바랍니다.

영정사진

외출하고
집에 돌아오면
당신 없는 집안은
외롭고 쓸쓸합니다

장롱 속
텅 빈 이불장에는
당신의 손때가 묻은

이불하고
베개 하나가
오늘은
외로움만 더합니다

여보
살아생전
늘 바라보던 거울 속에
당신은 뵈지 않고

벽에 걸어놓은
영정사진은
말없이
나를 바라봅니다.

신탄진 장날

홀로
장에 나오니
외롭고 쓸쓸합니다

생선가게 아줌마가
아내 소식을 묻고
떡 방앗간 아줌마도
많은 사람이 궁금해하지만

차마
하나님 곁으로 떠났다고
가슴 메어 말 못 하고 발길을 옮기어
이곳저곳 거닐다가

순대국밥에
막걸리 한 잔을 들이켜고
또 한 잔을 더 마셔도
취기는 없다

당신을
잃어버린 슬픔을
잊으려고 하여도

〉
내 마음속
깊은 곳에 자리 잡고 있기에
당신의 그림자를 지울 수 없네.

아픔만 남기고

당신 혼자
그 먼 길을 떠나보내고

아들
딸 사위하고
진도에 왔습니다

팔순 어머니는
왜 혼자 왔느냐고
울음을 터뜨립니다

내가
정년퇴직을 하면
이곳에 내려와
노모를 모시고 함께 살자고 했거늘

당신은
환갑을 넘기지도 못하고
진도 땅을 밟지도 못한 채

내 가슴에
아픔만 남기고
이승을 떠나고 말았습니다.

외로움

슬픔에
잠겼던 아들도
서울로 떠났고

이따금
딸과 사위가
집으로 왔다 돌아가면

밤늦도록
당신 생각에
잠을 이룰 수 없습니다

여보
당신이 떠나버린
이 빈자리

이제
내 무엇으로
외로움을 채울 수 있을까요?

제2부

진도 육자배기

고향 진도에서 어린 시절
어둠이 오면
마당에 모깃불 피우고 할머니 육자배기를 들으며
밤하늘에 별을 땄던 문학 소년이
70이 넘어 문단에 등단
늘그막에 내 인생이 무너질 때쯤
시를 의지하여 새로운 삶을 이어가고 있습니다.
여기엔
내 인생 삶의 역사가 고스란히 담겨 있습니다.

진도

통통배 타고
고향 떠난 반세기

칠순 넘도록
그리움을 묻고 살아온
내 고향 녹진에

해남에서
진도를 이어주는
연륙교가 세워졌지만

그리움의 두께는
산만큼 두꺼워졌다

머리 위에 담뿍
내려앉은 하얀 눈

울돌목 거센 파도는
아직도 청춘이다.

진도 육자배기

남정넨
집안일하며
육자배기를 불렀고

여인넨
육자배기 장단에 맞춰
밭일을 품앗이했다

길 가던 행인들도
육자배기 흥에 취해
춤을 추었고

어둠이 오면
마당에 모깃불을 피우고
할머니 육자배기에
밤하늘 별을 땄다

진도는 바닷물도
육자배기 소리만 나면
더덩실 출렁거린다.

웃음

산마루에 올라
미친 듯이 한 번 웃으니

백지처럼 말끔히
지워지는 근심들

웃음은 지우개.

내가 사는 이유

삼성동 네거리
노인 한 분이 길가에 쓰러져
얼굴에서 피가 납니다

사람들은
바라만 보다가
그냥 지나쳐 버립니다

눈은 내리고
밤은 깊어 오는데
다가오는 사람이 없습니다

급한 마음에
내 또래의 노인을 등에 업고
동네의원으로 서둘렀습니다

의사 선생님은
영양실조로 잠시 정신을 잃었다며
큰일 날 뻔했다고 하였습니다

링거 값
5만 원을 지불하고

기쁜 마음으로 집으로 왔습니다

그게
내가 살아가는
가장 소중한 이유입니다.

시

칠순에
혼자 사니

아침은
김밥으로 때우고
점심은 밖에서 늘 사 먹는다

암
고혈압 협심증
전립선 비대증 부정맥
이명 치매와 더불어 살고 있다

친구도 없고
고통만 가득 가진
나!

시마저 없으면
내 삶은 정전이다.

아픈 손가락

고향엔
환갑 넘도록 장가도 못 간
지적장애 동생이 살고 있다

내 가슴에는
홀로 지내는 그의 모습이
항상 옹이로 박혀있다

마음은
늘 곁에 있지만
한번 만나러 가기가 왜 그리 어려운가

고맙다
고향을 지키며
살아있어 줘서

동생은
내 삶의 아픈 손가락.

어머니는 설암 말기

새벽녘
혼절하신 94살
울 어머니

동네병원 의사는
서둘러 큰 병원으로
모시고 가라고 하신다

병명은 설암 말기
자식놈들 걱정으로 숨기고 숨기다
손쓸 수 없을 때 돼서야
세상에 손 털고 일어나신 어머니

맛있는 것 사드려도
잡수실 수도 없고
예쁜 옷 사드려도 입으실 수 없습니다

자식들 위해
평생을 동동거리다가
어머니가 힘없이 무너지던 그날

나는

진도 앞바다가 벌떡 일어나
내 뺨을 후려치는 꿈을 꾸었다.

아버지

아버지
송아지 판 돈
5만 원을 몰래 가지고

여명이 번지는
산모퉁이 돌고 돌아
서울로 떠났던 소년

고희에
시인으로 등단
아버지 무덤 앞에
소주 한잔 따라 올리고

눈물로
잔을 채워
큰절을 올려도

입을
굳게 닫고 계시는
울 아버지

용서해 주십시오
불효막심한 놈을.

별 1

사람이 죽으면
별이 된다

나도
먼 훗날
저 별이 되어

평생을 달려온 인생
가진 것
몽땅 내려놓고

빈 몸으로
가볍게 올라가
반짝이고 싶다.

늙는다는 것

다디단 봄볕 아래
아직 살아있는 것들은
참말로 좋겠다

명주실처럼
쏟아지는 햇살 아래
움직일 수 있는 것들도 좋겠다

세월 앞에
순응하는 것
그것만큼의 행복이 어찌 없으랴

계절 끝에서
죽어가는 것이 아니라
그냥 순응하는 것이라고

쏟아지는
저 햇살이
나직이 일러주잖니.

행복

어둠의
무게에 눌려있을 땐
있어도 안 보이던 것

마음에
햇살을 받아들이니
없어도 잘 보이는 것.

삶의 그림을 그리다

어제와
오늘이 같은 것 같지만
나는 어제의 내가 아니다

시와 친구가 된 후엔
내 삶의 도화지에
새로운 그림을 그린다

걸어온 세월
나의 그림 속에는
슬픈 이야기가 많았지만

시의 붓으로
그리는 그림 속에는
가슴 설레는 기쁨도 살아있다

산다는 것은
슬픔의 바탕 위에 반짝이는
기쁨의 무늬를
수놓아 가는 일이다.

따뜻한 겨울

눈발 날리는
재래시장 골목길

언 손 호호 불며
잡곡과 청국장 팔고 있는 노인

십 년을 모아
불우이웃 돕기 성금
일천만 원을 기부했다고 한다

오천 원에
청국장 한 봉지
얼마를 팔아야 일천만 원을 모을까

노인의 주름진 얼굴은 모닥불이다
생각만 해도 겨울이 따뜻하다.

황혼에 핀 꽃

나의 황혼은
당신이 있어
외롭지 않습니다

젊음을 불태워
재로 만드는
서녘 하늘을 보아도
콧노래가 절로 나옵니다

어둠의 날개들이
삶의 창가에 장막처럼
드리우는 시간

내 안의 꽃들이
반짝이며 피어오르는
시간입니다

당신은
밤으로 가는 길목에 등불로 핀
한 떨기 아름다운 백합입니다.

여름날 오후

꽃들 아름다운 춤을 위해서
은빛 갈기 휘날리는 바람

바람은 자유롭다
바람의 자유를 위해
하나님은 허공을 비워놓았다

바람의 긴 꼬리가
나무마다 풀마다
수런거리게 한다

바람의 입자들이 피워놓은
흔들림으로
적막이 깨어지고

그 작은 설렘들이 모여
더욱 빛나는 여름날 오후.

삶과 죽음의 갈림길에서

제3부

한정민 병상일기

2005년 12월
아내를 암으로 잃고
불행은 쌍으로 온다고
나도 암으로 고통을 겪으면서
투병 생활의 아픔을 시로 빚고
8년째 삶을 이어오고 있습니다.
각종 암으로
투병 중인 수많은 환우와
가슴앓이를 하고 있는 가족들에게
조금이라도
위로와 용기를 주었으면 좋겠습니다.

피

아침에
소변에 피가 섞여 나와

가벼운 마음으로
병원에 가서
소변 검사를 받았다

약을 먹어도
피가 멈추지 않으면
CT 한번 찍어보세요

의사 선생님
가벼운 권유를 귓등으로 들으며
진료실을 나왔다

오월의 연초록
눈부신 날의 혈흔이
아내를 보내고서도

아직
나의 겨울이 끝나지 않았다는
매운 운명의 조짐이었다.

CT 검사

항생제를 먹어도
소변에 선지피가
콩알처럼 쏟아져 나와

모란꽃이 화사하게 피어나는데도
나의 여름은
조금도 빛나지 않았다

아내가 흘리고 간
어둠의 넝쿨들이 사정없이
몸을 휘감는 절망을 보면서

CT 검사를 하고
집으로 돌아와

아무도 없는
방안에 불도 켜지 않고
두견처럼 한참을 울었다.

세포 검사

소변 검사
혈액 검사
CT 검사로도 원인을 찾지 못한 채
세포 검사를 하고

방광암이 의심스럽다며
대학병원으로
진료의뢰서를 써주었다

내가 가장 두려워하는
암 얘기가
의사 선생님 입에서 튀어나왔다

가장 부정하고픈
그 단어는
내 가슴을 온통 휘젓는 창날이었다

아니라고 아닐 것이라고
주문처럼 중얼거리며
진료실을 나왔다

아내가 떠나간

눈 시린 하늘을 보며
곧 만날지 모른다는 전갈을 했다.

방광암

동네의원
진료의뢰서를 가지고

대학병원
비뇨기과 진료실을 들어서며
심호흡을 했다

어떤
판정이 내려지더라도
놀라지 말자

교수님은
방광암 초기니
입원을 하라고 합니다

아들딸 얼굴이
빗물처럼 흐려지고
미친 어둠이 눈처럼 날립니다

아무래도
나는 바람이 될 팔자는
아닌 모양입니다.

입원

가방 하나
달랑 들고 집을 나섭니다

병원 문을 들어서다
뒤돌아서서
내가 걸어온 길을 돌아봅니다

뿌연 황사처럼
불투명한 기억 속에서
아쉬움들이 불쑥불쑥 튀어나옵니다

교수님은
방광암 초기라며
시술을 권유합니다

마음에 든 멍 위로
망치 하나 또 떨어집니다

슬픔에 젖어
두 볼에 흘러내리는 눈물
감출 수가 없습니다

〉
하나님
겨울이 길더라도 이겨낼 수 있도록
용기와 희망을 주소서.

시술

흐릿한 불빛이
가슴을 적십니다

의사 선생님이
마취 주사를 놓았습니다
삶의 경계가 까마득히 흐려집니다

내가 잠든 시간에도
내 운명의 시계추는 똑딱똑딱
어디를 가고 있을까

의사 선생님
손길에 맡겨진 내 연약한 숨결이
다시 연초록으로
타오를 수 있을까

시술이 끝나고
멈추었던 내 시간이
다시 피어납니다

"아이고 수소하셨어요"
반갑게 맞아주는 병실 사람들의

환한 웃음을 보니

아픔을 가진 사람들은
모두가 한 가족입니다.

표재성 암

표재성 암은
재발이 많다고 한다

마취를 하고
내시경 검사실 의자에 앉으면
지옥과 천국을 넘나든다

어떤 운명이 기다리고 있을까
설혹 가혹한 세월이 다시 온다 해도
움츠리지 말자
당당하게 운명을 받아들이자

진료실
주치의가
내 가슴에 꽃보다 고운 말을 안겨준다

"재발이 없네요,
수고 많으셨어요."

암 병동

일반 병동
암 병동 사람들은
각자 다른 삶을 삽니다

암 병동
환자들은 웃음이 적고
대부분 자신의 멈출 날을 압니다

기약할 수 있는 일이
적다는 것은
쓸쓸한 일입니다

내일을 위한
씨를 뿌릴 수 없다는 것은
더욱 쓸쓸한 일입니다

마냥 울 수만 없기에
가끔은 미소 짓지만
웃음에는 찬바람이 인다.

간호사

하얀 가운에
햇살 같은 미소

간호사는
병실을 지키는
환한 등불입니다

팔을 다친 사람
다리를 절룩이는 사람

암 수술을 받고
기쁨의 시간을 봉인한 사람들도
천사의 손길 한번 스치면
모두가 파랗게 살아 오릅니다

모두 잠든 깊은 밤중에도
간호사의 사랑은 잠들 줄 모릅니다

마음속에 괴로움이
가득한 날에도
그들의 웃음은 걷힐 줄 모릅니다

〉
병실에는
간호사가 있기에
전깃불이 꺼져도 늘 환합니다.

BGC 약물요법

방광암
시술 후엔 재발 억제를 위한
BGC 약물요법을

2주에 1회
6번을 해야 한다

BGC 약물요법은
생존율이 높지만
재발이 많다고 하는데

머리카락이
빠지지 않으니
그나마 다행이라고 할까?

불투명한 나의 날들이
거미줄처럼 끈적거려
약물 위에서 파닥입니다.

BCG 부작용

또 기저귀를 찼다

소변을 참을 수 없어
기저귀를 차면서
동동거리는 내 모습에 연민을 보냅니다

의사 선생님은
BCG 약물 부작용이라고
베시케어정을 처방해 주었습니다

BCG 약물 주입은
방광암 재발을 막을 수 있는
유일한 치료

괴롭고 힘들어도
부작용을 참고 살다 보면
웃을 날 있겠지요

절뚝거리는
내 삶이 연초록 새잎으로
덮이는 날 있으리라 믿습니다.

방광 내시경

가벼운
바람에도 신경이 곤두서고
마음이 불안하다

BCG 약물 요법을
3번 하고
내시경 검사를 했다

의사 선생님은
시술은 잘 되었지만
재발이 많아서

약물 요법을
3번 더 하고
내시경을 다시 한다고 합니다

내 생이 눈처럼
녹아 없어지지 않기를
두 손 모아 빌면서 진료실을 나섭니다.

회생

암 시술하고

삶과
죽음의 갈림길
다섯 해

"무(無) 재발(再發)입니다"
의사의 환한 미소에

창밖에
벅차게 흔들리는 나뭇가지
진초록 아우성

살아있음의 함성.

병에는 박사

긴 세월
고독하게 살아온 나를 위해
하나님이 보내주신 선물인가

각종 병하고
다정한 친구같이
어깨동무로 어울리다 보니

갖가지
병들이 나를 찾아와
내 곁을 떠날 줄 모른다

때론
가시같이 속을 헤집기도 하지만
몸의 일부가 되어

오래 손잡고
친구처럼 살다 보니
어느새 병에는 박사가 되었다.

새벽길

절망이 익어
새벽을 토해놓았다

일그러진 내 인생
무겁게 등에 지고

어둠의 긴 터널
눈물로 걸어오다

환하게 밝아오는
아침 해 바라보며

갈맷빛 새벽길을
힘차게 걸어간다.

내일

나의 내일은
또 무슨 빛깔일까

하늘 한편에
수없이 뭉클대는
구름을 본다

검은빛이 걷히고
하얀 목화처럼 탐스럽다가

저녁때쯤
빨갛게 빛나는 구름

나의 황혼도
저 구름처럼 황홀했으면 좋겠다

불타는
태양을 받아들였으면 좋겠다.

제4부

전라도 촌놈

섬
진도에서
파도 소리를 마시며 자란
문학 소년이
일흔 살에 어엿한 시인이 되어
파란만장한 삶을
시로 썼습니다.
내 시를 읽고
시의 향기에 취했으면 좋겠습니다.

고향

정에
허기질 때마다
못 견디게 안기고 싶은

울 어머니
따스운 품속 같은.

전라도 촌놈

책가방 팽개치고
서울로 가출
전라도 촌놈이라고

직장을 구하려고 해도
보증서 줄 사람이 없어
여인숙에서 호객을 하며 구두닦이를 했다

뒤늦게
중국집 접시 닦이로 취직하여
일 년간 일했건만
돈은 한 푼도 주지 않고

올데갈데없는 놈
밥 먹여주는 것만도 감사해 하라고
호통만 쳤다

봉급을 주지 않아
손님 신발 열다섯 켤레를
똥통에 집어넣고
식당을 뛰쳐나왔다

〉
눈물 마시며 자란
전라도 촌놈
전라도를 빛내는 시인이 되었다

삶의 태반을 타향에서 지냈지만
내 시 속에
황토 향기가 풍기는 건

내 피가
전라도 사랑을 담은
황토 빛깔이기 때문이다.

병과 친구로 산다

고혈압 친구는
50년을 말썽 한번 부리지 않고

협심증 친구하고도
17년을 약으로
어깨동무하고 산다

전립선비대증이라는 놈은
소변보기가 불편하다고 하더니
요즘 팬티에 오줌까지 지린다

무릎 관절염 친구는
연골 주사를 맞더니
찡그린 얼굴이 환하다

암은
5년을 친구로 지내다가
내 곁을 떠났다

부정맥하고
친구를 했더니
치매란 놈을 데리고 왔다

〉
아픈 친구들하고
어울려 가끔 미소 짓지만
웃음 속에는 늘 찬바람이 인다.

진도아리랑

고향 장터에
마을버스 문이 열린다

늘어진 좌판엔
노인들 산나물 향기롭고

졸던 수탉
볏을 세워 노래한다

아리랑 스리랑
아라리가 났네.

절구통

첫닭 울면
잠 깨어나 평생 일만 하다가
이승 떠난
어머니 얼굴

저 주름살은
부엌문 밀치고 나와
보리방아 찧던

울 어머니
곱던 얼굴에 늘어난
삶의 훈장

발길 끊겨
잡초만 무성한
고향집

마당 귀퉁이
주인 잃고 나뒹구는
절구통.

검정 고무신

부잣집
아이들은 책가방 들고
운동화를 신고

나는
책보를 메고 검정 고무신 신고
중학교에 다녔다

동네에서
읍내 학교까지는
시오리 길

눈보라 치는 날이면
눈에 젖어 시린
발이 부르트도록 산길을 뛰었다

그 길이
꿈 찾아 서울로 줄행랑친
내 깨달음의 시작이었다.

첫걸음마

아버지
송아지 판 돈 몰래 가지고
서울로 가출

깡패들에게
가진 것 몽땅 빼앗기고
여인숙에서 호객을 했다

손님
한 사람 모셔 오면
저녁밥 주고

두 사람 모셔 오면
잠재워주고

세 사람 모셔 와야
아침밥을 주었다

매운 인생의
첫걸음마였다.

아내의 망초꽃

노을 속에
당신을 묻고
가슴 시릴 때마다

당신이 해주던
보리 밥맛 잊을 수 없어
보문산 보리밥집을 찾습니다

나 홀로 덩그러니
싱싱한 채소와 나물에 기름을 넣고
맛있게 비벼 먹습니다

후식으로
부침개 한 접시
막걸리 한 사발

여보
잔 받으시오
내 술 한잔 받으시오

당신의
빈자리에
망초꽃이 피어납니다.

보석

주말은
애들하고 함께하고 싶다

고희를 넘어
혼자 사니
사람이 그립다

아들딸하고
밥이라도 먹고 싶은데
전화가 없다

외로울 때
애들은 내 마음속
보석이다.

노년의 외출

화창한 봄날
아들딸 손주들하고
동물원에 왔다

보물 같은
손주들 뛰노는 모습에
봄 내음에 취해

두 손 가득
장난감 쥐여주고
놀이기구 타며 한 몸이 되었다

화려한
노년의 외출

손주들
뛰노는 모습에 쓸려가는
내 삶의 검은 그림자들.

봄꽃

눈물 훔치던 뒷산에
어머니의 기억을 묻어놓고

한시름
계절 끝에서
또 어머니의 얼굴에
가슴 벅찬 눈을 털어냅니다

술 한 잔에 목 놓아
어머니를 부르다가

한겨울 산바람에
곱던 얼굴 시릴까
뭉클뭉클 명치끝이 아려서

서둘러
내 마음에 봄꽃을 심습니다.

혼밥이 싫어

김밥으로
아침을 열었습니다

동태찌개와
막걸리 한 사발로
점심을 때우고

어스름 저녁
식당 문 밀치고 들어서니
공복의 아픔보다
사람이 그립습니다

습관처럼 울리지 않는 휴대폰
누구라도 부르고 싶습니다
아무라도 부르고 싶습니다

세 끼
혼밥이 싫어
더운밥 마주하고

하루를
기쁘게 보내고 싶습니다.

양성산 약수

새벽
약수 한 사발로
하루가 열린다

약수엔
산의 음성이 들어있다

마음이 허하고
답답할 때

양성산
싱싱한 목소리
한 사발 들이켜면

온몸에 파릇파릇
새순이 돋는다.

도시락

따뜻한 마음 끓여
도시락에 담아들고

아픈 할배
외로운 할매
어려운 이웃 찾아 나선다

이 밥 한 끼
가볍다 하지 마소

한 끼 밥은
위안의 눈물이요
마음속의 행복이니

찬바람이 옷깃을 스며도
독거노인들에게
도시락을 나눠드리고

집으로 돌아오는
발길이 따뜻하다.

우렁각시

몸이 아플 땐
아내가 차려주던
따뜻한 죽 한 그릇이 그립다

고희를 넘어
홀로 사는 외로움에
집안일도 힘겹고

병원에 갈 때마다
허전한 품속으로 스미는
차가운 바람

어젯밤엔
우렁각시처럼
김이 모락모락 피어오르는
밥상을 차려놓고 갔다

아침에
눈을 뜨니
아! 꿈이었구나.

내일

어둠의 대궁 위에
아침의 꽃이 피듯

내일은
밝은 햇살로 오겠지

시여
불행을 쓸어내는
신의 날개여!

여명을 깨우는
우렁찬 종소리로

햇살 고운 아침
창문을 열어젖히고
두 팔을 힘껏 펼친다.

제5부

마음속의 외딴방

월남전에 참전하고 귀국하여 전매청에 입사
결혼도 하고 아들딸 낳고 행복하게 살던 중
아내가 먼저 폐암으로 저세상으로 가고
나도 칠순에 방광암에 걸려 8년을 넘기고
일흔여섯에 치매까지 걸려 5년째
요양보호사님의 도움을 받으며
새로운 삶을 설계하고 있습니다.
치매와 살아온 많은 사연을
시로 엮어 치매로 힘들게 살아가는
많은 환자들에게 조금이나마 도움을 주고파
마음속의 외딴방을 발간했다

치매의 개념

정상적인
사람의 뇌가 질병이나
기억력 감퇴로

예전에
일들은 유지되나
엊그제 일들은 잊어버리고

지남력
지능과 학습
언어 능력이 떨어져서

인지 기능
저하로 혼자서는
독립적인 생활이 불가능하다.

* 지남력 : 시간과 장소, 상황이나 환경 따위를 올바로 인식하는 능력.

마음의 빛

망초꽃 같은
모습에 취해서
주말을 함께 하는 여인에게

아들딸 전화번호와
손주들 이름이
생각나지 않는다고 했다

늙으면
다들 그렇다고
기쁨도 슬픔도 함께 나누자고 한다

인생길
끝까지 지키겠다는

따뜻한
그 말 한마디가
마음의 빛으로 환하게 남았다.

건망증

우산 장갑을
가끔 버스에 두고 내릴 때도 있다

두고
내린 물건들은
어디에 있을까?

시장에 가서
물건을 잔뜩 사고도
빈손으로 돌아올 때도 있다

이러다가
자식들 이름도 잊을까
겁이 나지만

내가
나를 잊을까
더욱 겁이 난다.

알츠하이머 1

홀아비 가슴에
한 송이 꽃으로 다가온
아름다운 여인

가스 불 끄는 것을 잊기도 하고
날짜를 기억 못 한다고 해서
치매검진을 받았는데

알츠하이머
치매 초기라고 한다

삶과 죽음은 알 수 없지만
요양원 가는 날까지
나를 간병해 주겠다고 하는

그 꽃을
가슴에 안고 살다가
이승을 떠날 수 있을까.

알츠하이머 2

내가 살아온
모든 아픔의 실타래
가슴에 담아 가고 싶었는데

어쩐대요
그냥 잊어진대요
당신이 누구인지
내가 누구인지도 모른답니다

눈물이 나는데
눈물이 왜 나오는지
나는 모른답니다

언제 누구와
어떻게 살아왔는지
기억하게 하여 주세요

내 자식들
이름만이라도
잊지 않게 해주세요.

눈물

내가 치매라니
순간
울컥하는 눈물

자식들에겐
보이고 싶지 않다

나 이제
누구랑 노 저어 가랴

집으로 돌아오는
발걸음이 무겁다.

별 2

치매는
치유할 수 없는
질병

내가
살아온 삶의 기억력이
사라지는 날까지

독자의 가슴에
감동의 물결이 출렁이는
시를 쓰다가

저 하늘
은하수 너머 반짝이는
별이 되리라.

변덕

마누라가
최고였었지

당신이
살아있을 땐

당신이 가고
치매를 앓다 보니

요양보호사가 최고다.

요양보호사

치매 5등급은
재가복지센터에 간병을 신청하면
요양보호사가 집으로 온다

청소
빨래 반찬을 챙겨 주고
밥도 해준다

인지 기능
악화 방지를 위한
교육도 하고

환자가
움직일 수 있을 땐
밖에 함께 나와 운동도 한다

요양보호사는
치매 환자의 손과 발이다.

섬처럼

암을 이겨내니
또 불치병인
치매 진단을 받았다

요양보호사가
하루 3시간 집에 와서
돌봄을 해주지만

혼자
걸을 수 없을 땐

이승을
떠나는 날까지
누가 나를 간병해 줄까?

삶의 끝자락에
나 홀로 섬처럼
덩그러니 남았다.

천사

오늘도
천사가 집에 왔다

땀에 젖어
벗어놓은 옷을
빨아주고

목욕탕
변기 세면대
베란다 유리창도 닦아준다

주방
싱크대 냉장고도
매일 청소를 하고

안방
침구도 정리 정돈해 주니
홀아비 냄새가 나지 않아 기분이 좋다

이 고마움을
요양보호사와
국가에 감사드린다.

이쁜 치매

이쁜 치매와
친구처럼 살고 있다

아직은
완치 가능한
치료 약이 없지만

나를 찾아온
이쁜 치매는
하나님이 주신 선물인가!

4년을
요양원에 가지 않고
이쁜 치매와 사는 것을
남들은 알까?

주 5일
요양보호사의
돌봄을 받는다는 걸.

노인정

혼자
밥을 먹기 싫을 땐

이따금
돼지고기를 사 가지고
아파트 노인정에 간다

도우미가
찌개를 맛있게 끓여서
밥상에 올리면

홀로
식당에 가서 사 먹는
밥보다

노인들하고
점심을 함께 먹을 땐
마음이 흐뭇하다

주름진
노인들 얼굴에도
웃음꽃 피고.

건방진 할배

할배가
알츠하이머로
늙어가는 것도 서러운데

공원길 할매들은
날 보고 인사도 않는
건방진 할배라고 한다

내가 나도 모르는데
내가 그대를 알겠느냐

할매여
혹시라도 서운커든

살아온 날 서러워서
혼쭐 잠시 놓았으니

이상타 하지 마소
서운타 하지 마소.

고독사

석양에
외로움을 안고
들길을 걸으면

먼저 간
당신이 그립습니다

암으로
내 곁을 떠난 지
십칠 년이 지나가고

아들딸이
가까이 살아도
치매로 홀로 살려니
외로움을 지울 수 없습니다

밥 짓기
빨래 반찬 만들기가
나이를 먹으니 힘이 듭니다

이렇게 혼자 살다가
아무도 모르게 숨을 거둘까
덜컥 겁이 납니다.

명함

중학교도 졸업 못 한
촌놈이면 어떻고
치매 시인이면 어떤가

빈손으로 왔다가
역경을 딛고 일어나
시인으로 등단했다

소중한 나였기에
부끄럽지 않은 나였기에

세상에 당당히
명함 한 장 내밀었다.

제6부

월남 파병

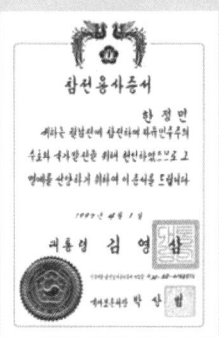

열여섯 살 중학교 2학년 때
아버지가 소 판 돈 5만 원을 몰래 가지고 서울로 가출한
전라도 촌놈이 서울역에서
깡패 놈들에게 가지고 있던 돈 몽땅 빼앗기고
중화요리집에 접시 닦이로 취직도 하고
신문팔이와 아이스크림을 팔고
구두닦이로는 소 판 돈을 갚을 길 없어
월남전에 참전,
목숨을 담보로 고향에 다락논 세 마지기를 사서
남에게 대토를 주어

월남 파병

열다섯 살
책가방 팽개치고
무작정 서울행 기차를 탔다

전라도 놈이라
보증서 줄 사람 없어
직장을 구하지 못하고

신문팔이
구두닦이
중국집 배달원으로
다섯 해

아버지 무서움에
고향 한 번 못 가고
군에 입대

가난 때문에
월남 파병을 자원했다.

어머니의 눈물

여의도
맹호 1진 월남 파병
출국 행사장

전쟁터로 떠나는
아들 면회 오신
울 어머니

스물한 해
튼튼하게 자란 아들 하나 잃을까
천 리 길 달려온 눈에
빗물 흘러내립니다

"걱정 마셔요
꼭 살아 돌아오리라."

두 볼에 눈물 거두시고
고향에 가 마음 편히 기다리셔요

지난날 불효가
가슴을 엡니다.

월남으로

부산 항구에
어머니를 뒤로하고

아름다운
고국을 떠나
미군 수송함에 몸을 싣고

포화 속
월남 땅 전쟁터로
부산 항구를 떠나간다

가는 길이
살아서 다시 고국 땅을 밟을지
알 수 없지만

꼭
살아 돌아와서
웃음꽃 피울 날을

마음속으로 그리며
부산항을 떠납니다.

부산항에서

제3부두
선상에서 바라보는
고국의 밤하늘 별빛은 아름답다

포화 속
월남 전쟁터에서
살아 돌아올 수 있을까?

부산항을 뒤로하고
월남으로 떠나는

병사의
두 눈가에
이슬이 맺힌다.

바다를 건너며

월남에는
포탄이 빗발처럼
쏟아진다는데

다시 밟을 수 있을까
고국 땅이 자꾸만 멀어져 간다

"꼭 살아 돌아와서
부모님께 효도하는 아들로 살리"

무인 등대
반짝이는 불빛 속에
간절한 내 소망 한 등을 걸었다.

퀴논 항

포화 속
월남전으로 떠나는
병사들은

부대는
각자 다르지만
나라를 위해서

파도가
뛰노는 부산항을 떠나
아흐레 만에

미군
수송함을 타고
퀴논 항에 도착했다

살아서
고국 땅으로 돌아갈지
알 수 없지만

각자
가지고 온

자기 짐을 챙겨가지고

비탈진
산 계곡에
내일을 위해서 몸을 풀었다.

땅굴 막사

하룻밤
묵을 땅굴 막사를
만들려고

병사들은
20kg 넘는 따불빽을
등에 짊어지고

어둠이 깔린
험준한 산비탈을
힘들게 올라왔다

다들
죽지 않고
살아남으려고

각자
땅굴을 깊게 파서
하룻밤 묵을 막사를 만들었다.

퀴논의 첫날밤

뱃길로 아흐레
퀴논 항에 도착했다

병사들은
잠잘 곳 없어
산비탈 계곡 땅굴 막사에서

하늘을
지붕 삼아 모포 한 장으로
첫날밤을 맞이했다

펑펑펑
귀청을 맴도는 포 소리에
잠을 이룰 수가 없다

살아 돌아갈 수 있을까
전율처럼
멀리서 번개가 지나갔다.

연화(煙火)

뙤약볕 아래
보초 교대를 하고

병사가 피우는
야자수 사이로 피어오르는

연화 속에
향수가 탄다.

기와집

터지는
포성에

참호 속
병사는 잠 못 이루고

쌓았다
헐었다

기와집
열두 채.

위문편지

포화 속
생과 사의 갈림길
열한 달

보초 교대를 하고
막사에 돌아오면

고국에서 날아온
위문편지가 마음을 녹여준다

나와
인연을 맺은
은영이도 고등학생이 되었단다

전투를 할 때마다
너희들 미소를 가슴에 안고
총을 쏜다.

졸음

산비탈
어둠에 싸인
땅굴 막사

야간 보초 교대 시간엔
수통에 커피를 담아 간다

포화 속
목이 잘리는 위험 속에서도
졸음이 온다

커피를 마시고
허벅지 살을 꼬집어도
내려앉는 눈꺼풀

졸음은 무덤이다
적막할수록
더욱 무거워지는 두려움.

꽃

철모 앞에
이름 모르는 꽃이 피었다

어제 진
병사들이
오늘 저 꽃으로 환생하였을까

이젠 지지 말아라
영원하라
전우여!

지옥

하늘에선
고엽제가 쏟아지고

땅에서는
베트콩의 총구가
불을 토하고

눈을 감아도
내일 뜨는 해를
볼 수 있을지 몰라
잠을 잘 수가 없다

고국이 천국이라면
여기는 지옥이다

고국 사람들아
천국은 지킬 수 있을 때
지켜야 한다

지옥이 되고 나면
후회할 틈도 없다.

김 상병아!

김 상병아!
너는 무엇을 위해서
전쟁터에서 죽어가는가

잦아지는
숨결 속에서도
마지막까지 외치는

어머니라는
그 말

고국 사람들은
네 죽음 앞에서
한 송이 국화라도 바치겠는가

포화 속
월남 전쟁터에서
평화를 위해 목숨을 바쳤으니

국립
대전현충원에서
평온히 잠드소서.

오작교 전투

지축을 흔드는
포성은 멈추지 않았다

산비탈 계곡에
베트콩 시신이 나뒹굴고

어젯밤
고국에 돌아가면
결혼할 여자가 있다던
김 상병도 하늘의 별이 되었다

비운의
얼굴 없는 전쟁
언제나 멈추려나

참호 속
초병의 눈가에
전우를 잃은 슬픔에 이슬 맺혔다.

영원한 전우여

고통과
눈물과
삶과 죽음의 땅에서
나보다 더 사랑했던 이름
전우여.

못다 부른 노래

포성이 멈추지 않는
삶과 죽음의 갈림길
월남전에 참전

베트콩 총구에
생명을 잃은 전우들에게
미안한 마음으로 귀국선을 탄다

영원한 전우여
못다 부른 노래가 있거든
내게 들려다오

그 노래
가슴에 품고 가서
고국 땅에 심으리.

낙화

월남전에 참전
총알이 빗발치는 정글을 누비며
일 년 반

하나님 보우하사로
귀국선에 오르던 날

안캐 전투에서
산화한 김 상병 이 하사가
함선까지 따라와 손 흔든다

낙화한 꽃잎들이
바람에 날아오르듯.

용서

아버지가
소 판 돈 오만 원은
논 한 마지기 값

중학교 이 학년 때
그 돈 오만 원을 몰래 가지고
서울행 완행열차를 탔다

낯선 서울역에서
돈 한 푼 써보지 못하고
깡패들에게 몽땅 빼앗겼고

아버지 무서워
고향 한 번 못 내려가고
구두닦이 중국집 접시 닦이로
찬 겨울엔 손이 퉁퉁 부었다

포화 속
월남전에 참전해
목숨을 담보로

아버지에게

속죄하는 마음으로
고향에 다랑논 서 마지기를 사드렸다.

_ 작품 해설

어둠 속의 밝음, 당위當爲를 노래하다
— 긍정이 이끄는 낙관의 언어

문학평론가 이 규 식
한남대 프랑스어문학전공 명예교수

비교적 늦은 나이에 등단하여 왕성한 창작활동을 지속하고 있는 한정민 시인으로부터 이 시집 원고를 전달받는 자리에서 간략하게 시인이 살아온 지난 도정에 대한 이야기를 들을 수 있었다. 그동안 문예지와 시집을 통하여 작품을 읽는 기회에 시인이 행간에 내비친 삶의 족적을 나름 짚을 수 있었지만, 대화를 나누며 신산한 생애의 곡절을 더 구체적으로 이해하게 되었다. 한정민 시인의 삶은 일제 강점기 - 광복 - 6.25전쟁 - 근대화 과정 - 급속한 사회 변화 같은 우리나라 현대사의 빛과 그림자를 고스란히 투영하면서 어려운 고비를 견뎌온 의지의 노정으로 읽을 수 있었다. 그 연배의 시니어들이 다소간의 차이는 있으나 공통으로 경험한 어려움이라고 할 수 있겠지만 예민한 감성으로 인하여 훨씬 깊은 굴곡과 울림으로 우리 현대사의 증인으로 살아온 셈이다.

그간 발간한 여러 권의 시집에서도 시인은 각기 특색 있는 목

소리로 사회와 자아, 운명과 나, 자신과 또 하나의 자신과의 길 항관계와 종국에 이르게 되는 대승적 화해의 길을 노래하였다. 이번 시선집에는 그간 펴낸 시집에서 산재해 있던 개성적인 언어 구사와 감각 표현 특히 삶, 운명과 마주한 자아의 반응을 노래하고 있는 시편이 한 권으로 집약되어 있다.

여러 병고로 어려움을 겪고 있다지만 시에 나타난 시인의 일상은 매우 건전하고 성실하다. 건실한 나날의 삶은 스스로 정한 규칙과 합리적인 시간 운용 그리고 게을러짐을 멀리하는 몸에 밴 부지런함으로 구체화된다. 시인의 일상을 내비치는 다음 구절을 인용하면서 평설을 시작한다.

...
양성산
싱싱한 목소리
한 사발 들이켜면

온몸에 파릇파릇
새순이 돋는다.
　　　　- 「양성산 약수」 부분

2연 "약수엔/ 산의 음성이 들어있다"라는 다소 과장스럽지만 시인에게는 절실하게 느껴졌던 감성을 중심으로 긍정, 의지, 낙관 나아가 힘이 감지된다. 규칙적인 일과를 지키는 소박하지만, 의미 있는 실천이 시인을 이끌었고 곧추세우는 힘이 될 수 있었다. 약수 한 사발의 힘은 신산했고 여전히 만만치 않은 삶의 무게에도 불구하고 나날을 성실하게 살아가며 끊임없이 시 창작에

몰두할 수 있도록 이끄는 촉매가 될 수 있었을지도 모른다. 이제 우리는 그 도정 탐사에 함께 나서기로 한다. 한 정민 시인을 알고 있고, 모르신다고 하더라도 이 시집을 손에 든 분이라면 팔순 시인이 지나온 개인적 감성 피력과 관조에 동참한다는 의미 외에도 삶에서 비롯되는 시적 표현의 외연이 얼마나 넓어질 수 있는가를 확인하실 수 있을 것이다.

혼자의 삶, 삶에 대한 외경

…
세 끼
혼밥이 싫어
더운밥 마주하고

하루를
기쁘게 보내고 싶습니다.
- 「혼밥이 싫어」 부분

김밥으로 아침을 열고 동태찌개와 막걸리로 점심을 해결하고 어스름 저녁, 식당 문을 밀치고 들어서니 공복의 아픔보다 사람이 그립다는 1~3연의 독백은 울림을 준다. 시인은 독거노인이다. 시집을 펴내는 독거노인, 일반인의 고정관념과는 다소 편차가 있을지도 모를 상황이지만 삶에 대한 의지와 외경, 노력은 엄숙해 보인다. 아침에 양성산 약수 한 사발로 하루를 지낼 힘을 얻었다면 이제 저녁에는 더운밥 한 공기로 새로운 날을 맞이할 힘을 얻는다.

더운밥의 힘. 식탁에는 으레 더운밥이 놓여 있어야 한다고 여기는 사람들이 대부분이겠지만 각기 다른 환경에서 밥 한 사발이 갖는 상징은 오늘 우리 사회가 당면한 노령인구의 급증, 독거노인, 세대 단절 같은 현안에 있어 의미 깊은 화두로 등장한다.
  더운밥에 대한 명상을 통하여 '혼자'가 삶의 본질이라는 단순하고도 중층적인 명제에 다다른다. '황혼의 독백'에서는 이러한 확인을 시각(사람들 물결), 후각(장미꽃) 그리고 비둘기 노래(청각)같이 평범해 보이지만 결과적으로 여러 감각이 어울려 입체적인 효과를 자아내는 기법이라고 할 수 있는 공감각 차원으로 끌어올려 노래하고 있다. 직설적이고 다소 진부한 제목이지만 감각적인 삶의 송가, 예찬 나아가 외경을 노래하게 되었다.

  …
  잠깐 스쳐온 여행이라 여겼는데
  세월에 떠밀려온 황혼의 언덕에서

  한 점 흔들리는 바람결에도
  명치끝이 아립니다
          - 「황혼의 독백」 부분

비움과 거리두기의 미덕

  긍정과 낙관, 애틋한 섬세함 그리고 강인한 의지를 에둘러 노래하는데 '혼자'가 삶의 실체이며 虛, 空, 無 같은 개념이 여기에 덧붙여진다. (" … 때로는 빈손이라도/ 가을을 향해 달려가는 것이라네" - 「산다는 것은」 부분) 이 시선집에 수록된 여러 작품은 시인이 직, 간접으로 체험한 삶의 여러 측면을 중심으로 각기 동심원을 그리고 있는 데 우선 '삶은 비움'이라는 명제에 다가서면서 비움으로써 가벼워지는 나날의 삶과 존재의 자유를 명상한다. 온통 채우려고만 애쓰는 세태에 시인은 비움을 실천하면서 그 여백을 시로 충전하고 있는 듯하다.

> …
> 바람의 긴 꼬리가
> 나무마다 풀마다
> 수런거리게 한다
>
> 바람의 입자들이 피워놓은
> 흔들림으로
> 적막이 깨어지고
>
> 그 작은 설렘들이 모여
> 더욱 빛나는 여름날 오후.
> － 「여름날 오후」 부분

짧은 아포리즘, 평범한 풍광 묘사로 읽히지만, 이 세 연은 나름 웅숭깊은 의미를 함축하고 있다. 자연과 시인 사이에는 가까운 듯 먼 듯 일정한 거리가 유지되고 있다. 적절한 거리에서 바라보고 호흡하고 소통하는 자연은 알맞은 간격이 이루어질 때 비로소 속내 이야기를 내비치며 은밀한 비의며 오래 간직해 온 지혜를 털어놓는다. 낭만주의 이전의 자연은 인간에게 단순한 배경, 휴식의 공간이었을 따름이었는데 낭만주의에 이르러 비로소 자연은 인간의 동반자, 공모자, 은밀한 감성 교류가 가능한 새로운 대상으로 자리 잡게 되었다. 그리 길지 않은 기간에 그 거리가 너무 근접하여 감정의 과잉 노출, 지나친 서정 토로에 이르게 되자 뒤이어지는 고답파, 상징주의에 시의 주도권을 넘겨 주지 않을 수 없었다. 제 자리에 놓인 자연과 시인의 교감, 이제 그 보이지 않는 공간에서 시인은 여러 의식의 단서, 생각의 물꼬 그리고 감성의 단초를 적절히 원용하여 노래의 범주를 넓혀 나간다.

향수와 가족의 힘

그리 평탄하지 않았던 삶의 도정, 곡절 많았던 가족사의 연보를 통하여 시인이 고향, 가족, 그리고 생존이라는 개념에 대한 의식은 강화되고 넓이와 깊이를 더할 수 있었을 것이다. 삶을 향한 의지와 긍정의 자세를 북돋아 준 것은 고향의 힘, 가족의 존재였음을 「절구통」에서 노래한다. 1, 2연의 고향집 외관 묘사에 이어 3~5연에서는 돌아가신 어머니를 향한 그리움을 토로하고 있다. 고향의 흡인력, 고향을 향한 향수 표백은 진부하지만 절실하고, 식상한 제재라고는 해도 엄연한 삶의 실경, 기억의 핵심으로 자리 잡는다. 삶에 대한 의지와 긍정이 태동하는 원천인 동시에 시인에게 약수와 더운밥이 유형의 힘의 바탕이라면 고향은 머릿속에서 그려지는 영감의 원천에 다름 아니다.

자연, 고향이라는 다소 막연하고 추상적인 개념으로서 환기의 대상이 이제 전라도, 진도라는 지역으로 좁혀지면서 초점이 선명해진다. 「진도 육자배기」에서는 고향 진도에 대한 단순한 점경 묘사로 읽힐 수 있지만 풍경과 분위기를 구체화하면서 시각, 후각, 청각 그리고 미각까지 자극하는 듯 폭넓은 감각의 언어를 구사한다. 육자배기는 아시는 바와 같이 남도 소리의 대표격으로 전라도의 정한, 특질 그리고 리듬을 두루 지니면서 아름답고 정교한 가락과 가사로 이루어진 소중한 문화유산이다. 어린 시절 고향 진도에서 듣던 육자배기 가락은 시인의 뇌리와 가슴에 각인되어 곽곽한 삶을 위로하고 이끌어주는 원동력이 되었을 것으로 생각한다.

...
어둠이 오면
마당에 모깃불을 피우고
할머니 육자배기에
밤하늘 별을 땄다

진도는 바닷물도
육자배기 소리만 나면
더덩실 출렁거린다.
- 「진도 육자배기」 부분

육자배기는 밭일하는 여인들, 김매는 농부 그리고 나무하던 나무꾼들의 현장 노동요였지만 전문 소리꾼들을 거치면서 다듬어졌다. 말하자면 전라도 진도 지역 사람들의 희로애락을 실어 나르는 시그널로서 독특한 상징성과 함의를 지니고 있다. 객지 생활에서는 쉽게 들을 수 없지만 시인의 뇌리에 각인된 육자배기 리듬은 타관살이의 고달픔과 곽곽한 삶을 위무하고 활력을 북돋우는 원동력이 될 수 있었을 것이다. 육자배기가 환기하는 고향 진도의 추억은 「진도」라는 작품에서 청각에서 시각을 아우르는 확장성을 보여준다. 특히 4~6년 6행으로 진도 풍광을 압축, 묘사하는 기량에서 서정 표현 능력의 일단이 엿보인다.

> …
> 그리움의 두께는
> 산만큼 두꺼워졌다
>
> 머리 위에 담뿍
> 내려앉은 하얀 눈
>
> 울돌목 거센 파도는
> 아직 청춘이다.
> - 「진도」 부분

고향 진도를 향한 그리움의 원형질을 노래하면서 조금 범주를 확대하여 이 시집에서 가장 긴 분량의 「전라도 촌놈」을 통하여 시인은 자신의 이력서를 시로 써 내려간다. 시로 쓴 자서전, 자칫 자기합리화나 이제는 검증할 수 없는 지난 생애에 대한 독단과 미화가 끼어들 수도 있으련만 시인은 솔직하고 직설적으로 순탄치 않았던 자신의 젊은 시절을 토로한다. 마지막 연 " … 내 피가/ 전라도 사랑을 담은/ 황토 빛깔이기 때문이다." 같은 선언적 언사처럼 황톳빛이라는 색깔로 애향의 자부심을 녹여낸다. 1949년 한하운 시인이 『신천지』에 발표한 '전라도 길'을 떠올린다. "가도 가도 붉은 황톳길/ 숨막히는 더위뿐이더라// … 가도 가도 붉은 황톳길/ 숨막히는 더위 속으로 절름거리며/ 가는 길"

에서 환기되는 정경은 그로부터 상당한 세월이 지났음에도 고유한 느낌과 감성을 원형대로 간직하고 있다.

파란 많은 삶의 역정, 고비 고비 험난한 길을 헤쳐 오며 시인은 웃음에 대한 믿음을 잃지 않는다. 자신을 포함하여 아픈 가족사의 개인적 고민 등 일견 어두워 보일 수 있겠지만 내재하는 웃음의 힘으로 등불을 밝히고 고민을 지워간다. 이즈음 노년 세대에서 찾아보기 쉽지 않은 웃음, 어둠과 고뇌의 숲에서 웃음의 미덕의 나무를 찾아 삶에 활기와 낙관을 심어야 함에도 그러한 노력에 소홀한 현실이다. 고향을 향한 자부심과 웃음에 대한 믿음, 이러한 긍정적 요소들이 어우러져 시를 쓸 수 있는 토대가 마련되고 타고난 부지런함으로 짧지 않은 세월 한 정민 시인은 여전히 시 창작에 전념하고 있다.

> 산마루에 올라
> 미친 듯이 한 번 웃으니
>
> 백지처럼 말끔히
> 지워지는 근심들
>
> 웃음은 지우개.
> ― 「웃음」 전부

시니어, 시를 찾다

시 인구가 크게 늘고 있다. 비록 수요공급이 불균형을 이루어 생산 - 유통 - 소비에 있어 정상적인 시장구조에서 한참 벗어나 있다 하더라도 시에 대한 관심과 열기의 확산은 바람직한 일이다. 특히 시니어 세대의 시 창작 열기는 자칫 획일적이고 건조해지기 쉬운 정서와 감정의 농도를 조절하며 살아온 경륜과 집적된 감성을 언어 조탁에 집중하는 노력의 일환으로 매우 바람직하다. 전문적인 기량이나 집중도는 젊은 계층과 동일 선상에서 비교하기는 어렵겠지만 열정과 신념, 시에 대한 믿음 등은 시와 문학의 위상이 예전과 같지 않은 이즈음 대단히 바람직한 요소로 작용할 것으로 본다. 오래전에 썼을 듯한 「시」는 시인의 시 창작관과 자신이 처한 곤궁한 처지를 대승적으로 극복하는 효율적인 방안으로서의 시의 역할을 피력하고 있다. 비록 자신의 삶을 다소 비관적으로 하소연하여 자연스러운 공감대에 쉽사리 이르기는 어려운 대목도 있지만 시가 없는 삶을 '정전'으로 정의하고 힘든 현실을 극복하는 도반으로서의 시를 정의하고 있음을 눈여겨본다. 매번 높은 완성도에 이르고 누구에게나 깊은 울림과 공명을 주는 작품을 연이어 쓸 수 없는 만큼 자신의 목소리를 끊임없이 갈고 다듬어 개성 있는 음색과 리듬을 발전시키며 창작에 매진하는 노력이 중요하다. 특히 노년 세대에서 이런 열정이 확산될 때 세대 간의 갈등과 여기서 비롯되는 이런저런 현안은 스스로의 출구를 찾을 수 있을 것으로 본다. 시를 쓰는 시니어, 한정민 시인은 수범적으로 지금껏 연찬한 기량을 바탕으로 새로운 시의 고지를 향한 등정에 부단히 매진하시기 바란다.

…
시마저 없으면
내 삶은 정전이다.
― 「시」 부분

이국 취향, 시간 여행 - 기억의 편린

한 정민 시인은 파월 장병, 지금의 표현으로 베트남전쟁 참전 용사로 근 60년 전 머나먼 베트남에 파병되어 생시를 넘나드는 여러 전투에 참전하고 귀환한 유공자다. 젊은 세대들은 잘 이해하지 못할 터이지만 당시 1960~70년대 베트남 파병에 관련한 여러 사안은 우리나라 현대사에서 정치 경제, 사회, 문화적으로 매우 중요한 대목을 이룬다. 베트남전쟁 참전의 기억을 담아 펴낸 시집에서 추려낸 작품들은 반세기 전 아득한 시절로 타임머신을 타고 시간 여행으로 우리를 이끈다. 당시 명칭이었던 '월남'으로 떠나는 육군, 해병대 용사들이 시가행진을 하는 서울 대로변에 동원되어 몇 시간 전부터 태극기를 손에 들고 불볕 아래 기다렸던 중고등학생 시절 기억이 새롭다. 아마 그 당시 한 정민 시인은 파월 용사 대열에서 환송을 받으며 늠름하게 행진을 했던 20대 초반 젊은이였을 것이다. 이제는 여러 평가가 엇갈리는 역사의 한 페이지로 잊혀져 가는 베트남 참전은 개인적으로는 시간이 지날수록 더욱 뚜렷이 각인되는 잊지 못할 청년 시절의 비망록이 되어간다. 개인의 삶에 새겨진 여흔이 어찌 퇴색되겠는가. 파월 시편에서 임의로 골라본 다섯 편의 작품, 「어머니의 눈물」, 「퀴논의 첫날밤」, 「연화(煙火)」, 「졸음」 그리고 「못다 부른 노래」는 베트남으로 출국 과정에서부터 현지 주둔과 전투를 거쳐 귀국길에 이르기까지 시인의 기억과 감성의 흔적을 집약적으로 보여주고 있다. 베트남에 파병되었던 몇몇 문인들이 당시의 추억과 감회를 노래한 시집을 오래전에 발간하기도 하였지만 이제는 빛바랜 역사의 한 장으로 편입되어 가는 듯하다. 베트남 참전의 공과와 역사적 평가는 여전히 양국의 민간 차원에서 심각한 담론으로 진행 중이지만 어느덧 60년이 되어가는 시간적 거리감으로 인하여 아쉽게도 답보상태에 놓여 있다. 그런 의미에서 20대 초반 젊은 병사가 느꼈을 생소한 이국 풍광과 생사를 넘나드는 긴박한 당시 전황 그리고 그로부터 기나긴 시간이 지난 이즈음 객관적으로 평가해야 할 베트남전쟁 파병의 성과와 남은 과제 같은 화두를 문학적 기록으로 갈무리하는 작업은 의미 있다 할 것이다.

여의도 맹호 1진 파병 출국 행사장으로 달려오신 어머니를 만난 아들의 다짐으로 베트남 시편이 구성하는 한 편의 드라마는 시작된다.

> …
> 스물한 해
> 튼튼하게 자란 아들 하나 잃을까
> 천 리 길 달려온 눈에
> 빗물 흘러내립니다
>
> …
> 지난날 불효가
> 가슴을 엡니다.
> - 「어머니의 눈물」 부분

패기만만한 젊은 아들과 어머니, 생면부지의 머나먼 나라 전쟁터로 떠나는 이들을 바라보는 모정의 조바심. 빛바랜 1960년대 우리 사회 기록사진의 한 장면을 보는 듯하다. 「퀴논의 첫날밤」에서는 군함을 타고 아흐레 만에 도착한 생소한 도시 퀴논, 산비탈 계곡 땅굴 막사에서 대포 소리를 들으며 잠 못 드는 병사의 불안한 심회가 제목에 붙은 낯선 지명 하나에서 환기되는 이국 취향에 힘입어 읽는 사람들을 퀴논으로 향하게 한다.

> 뙤약볕 아래
> 보초 교대를 하고
>
> 병사가 피우는
> 야자수 사이로 피어오르는
>
> 연화 속에
> 향수가 탄다.
> 　　　-「연화(煙火)」 전부

　뙤약볕, 담배 연기, 포연 그리고 병사의 가슴에 타오르는 불안과 향수의 불길 같은 빛과 불, 연기의 여러 이미지가 오버랩 되면서 짧은 시행 속에 이국 서정을 풀어내고 있다. 「졸음」에서 시인은 베트남전 진지 막사로 독자를 이끌어 들인다. 신박한 상황이 겹치면서 시를 읽는 사람들은 60년 전 우방이라는 이름으로 공산화를 막는다는 명분 아래 참전했던 베트남전에서 우리 젊은 병사들이 생활했던 땅굴 막사에 발을 들여놓는다. 실제 경험해본 사람만이 묘사할 수 있는 세밀한 막사 안 풍경, 흡사 전쟁영화의 한 장면을 보는 듯 긴박한 상황이 시행에 이른다. 5연에 이르러도 딱히 명료한 메시지는 읽히지 않지만, 이런 낯선 정황을 상상하게 만드는 것만으로도 시 읽기의 외연이 확장되고 지나간 역사의 한 페이지를 성찰하고 나아가 미래를 예측하는 단초가 될 수 있지 않을까.

…
　포화 속
　목이 잘리는 위험 속에서도
　졸음이 온다

　커피를 마시고
　허벅지 살을 꼬집어도
　내려앉는 눈꺼풀

　졸음은 무덤이다
　적막할수록
　더욱 무거워지는 두려움.
　　　　　- 「졸음」 부분

　「못다 부른 노래」는 리듬이 느려지고 4연 이후 감정이 상승하면서 산만해지는 아쉬움은 있지만 역사의 현장을 체험한 당사자로서 오랜 세월이 지난 베트남 전쟁을 상기시키고 합당한 역사의 기록과 평가로 편입을 유도한다는 의미에서 흥미롭다. 우리나라 현대사의 곡절 많은 대목 대목을 거쳐 온 세대들이 자신의 체험과 감상 나아가 교훈을 시로 남겨 우리 문학의 외연을 확장하는 노력은 긴요하다. 그런 의미에서 한 정민 시인의 베트남 참전 시편을 조금 더 갈고 다듬는 과정을 거쳐 동일한 경험을 가진 연배 시인들의 합동 사화집 발간 작업으로 이어졌으면 하는 바램을 가져본다.
　베트남 참전 시편 가운데 가장 인상적인 시 한 편을 골라본다. 8행의 짧은 시행에 압축된 상상력은 포탄이 터지는 풍전등화의

전장에서 마음속에 기와집을 쌓았다 헐고 있다. 시인의 독특한 상상력이 돋보인다. 이 대목에서 기와집의 함의와 상징은 상대적으로 넓은 편이다. 우선 고향집을 떠올릴 수 있고 긴박한 전쟁터를 벗어나 다다르고 싶은 피안의 도피처이기도 할 것이며 특정한 이미지로 형용하기 어려운 복합적인 추상의 대상을 지칭하지 않을까 싶다. 긴장이나 심적 부담감이 강해지면 그럴수록 주변 상황과 전혀 연관이 없는 제3의 대상에 집착하게 되는 심리 현상을 생각해 본다. 얼핏 보면 단순 무미해 보이는 심리 기제로 보아 넘길 수 있겠지만 이러한 상상력의 발현은 시인이 오랜 기간 치열한 시적 탐구의 내공을 쌓아온 저력의 일단으로 본다.

터지는
포성에

참호 속
병사는 잠 못 이루고

쌓았다
헐었다

기와집
열두 채
　　　－「기와집」 전부

성찰과 긍정, 당위의 시

　이 시집은 한 정민 시선집이다. 시선집은 그간 펴낸 여러 시집에서 일정 분량 작품을 선별하여 수록하기 때문에 독자는 시인의 시적 성숙 과정과 관심사의 변천 그리고 언어를 다루는 기량의 발전을 일감할 수 있다. 특히 감성의 배양, 시간의 경과에 따른 천착 대상의 변화를 일별할 수 있는데 특히 이 시선집에서는 삶과 죽음, 여러 관심사에 대한 성찰, 젊음의 노화, 마땅히 긍정하고 당위로 받아들일 대상에 대한 겸허한 수용 그리고 현실을 직시하고 최대한 긍정과 화해의 시선으로 마주보는 시인의 열린 심성과 눈길의 시편들이 다채롭다. 삶을 시종하여 성실한 직장인으로, 가장으로서 뜻밖에 조우하는 운명의 시련에 굴하지 않고 낙관적 인식으로 임하는 긍정의 자세, 거기서 비롯되어 조탁되는 여러 화두를 대승적 화해의 시선으로 노래하고 있다.

　　　사람이 죽으면
　　　별이 된다

　　　나도
　　　먼 훗날
　　　저 별이 되어

　　　…
　　　빈 몸으로
　　　가볍게 올라가
　　　반짝이고 싶다.
　　　　　　－「별 1」 부분

대체로 공포와 회피의 대상으로 간주하는 죽음에 대한 평정한 인식은 시인의 사유와 감성이 긍정과 낙관에 힘입고 있음을 보여준다. 노년 이후 죽음에 대한 인식은 개인의 삶의 방향과 질에 직, 간접의 영향을 끼치므로 특히 중요한 관건이 된다. 생애를 통하여 여러 고비를 넘기면서 자칫 비애와 낙담의 노년에 접어들 수 있는 요인에도 불구하고 시인의 삶과 가치관은 밝고 낙천적이다. 짧지만 함축적 함의가 돋보이는 다음의 시편은 그런 의미에서 주목할 만하다.

> 어둠의
> 무게에 눌려있을 땐
> 있어도 안 보이던 것
>
> 마음에
> 햇살을 받아들이니
> 없어도 잘 보이는 것.
> ─「행복」 전부

「따뜻한 겨울」에서는 단순한 역설의 제목에 어울리는 따뜻한 에피소드를 통하여 긍정의 힘을 실감하게 한다. 재래시장 골목길에서 청국장을 팔고 있는 노인이 불우이웃 돕기 성금으로 1천만 원을 기부했다는 미담을 간추리면서 사소해 보이지만 소중한 선행이 사회를 이끄는 원동력이 되고 있음에 공감한다. 선행을 하는 분의 마음 씀씀이도 훌륭하지만, 거기에 공감하고 소통하는 대중의 힘 역시 세상을 튼튼하게 엮어가는 바탕이 되기 때문이다. 이 시선집은 그러므로 시인의 신산했던 삶의 고비와 역경을 한탄하는 비가로 쏠리지 않고 삶 그리고 인간다움을 위하여 필요한 여러 본질과 미덕, 실천 세목을 노래하는 긍정의 송가가 될 수 있다. 누구나 피하려 애쓰는 노화, 늙음으로 가는 도정 역시 시인은 겸허와 순명에서 비롯되는 예지에 힘입어 순응을 노래한다. 당위로 긍정의 자세로 받아들이며 순간의 현실을 향유하는 슬기에서 생애를 시종하여 성실하게, 거친 운명의 풍파를 맞서 헤쳐 온 시인의 노래에 귀 기울이는 즐거움이 크다.

> ...
> 세월 앞에
> 순응하는 것
> 그것만큼의 행복이 어찌 없으랴
>
> 계절 끝에서
> 죽어가는 것이 아니라
> 그냥 순응하는 것이라고
>
> 쏟아지는
> 저 햇살이
> 나직이 일러주잖니.
> - 「늙는다는 것」 부분

어둠과 고뇌, 아픔이 삶의 길목에서 끊임없이 자극을 주면서 부정과 염세의 골짜기로 시시각각 유혹하는 삶을 우리는 살고 있다. 한 정민 시인이 지나온 시간은 바로 우리 사회가 빈곤에서 풍요를 향하여 달려온 혼돈과 격동, 성취의 연대기이기도 하다.

성실한 생활인으로, 주어진 현실에 최선을 다해온 경륜에 이제 시인의 사명, 언어 예술가로서의 역할이 더해지면서 한 정민 시인은 슬픔 너머의 기쁨, 격랑과 풍파가 그친 뒤의 평화로움을 경험한 사람이 노래할 수 있는 당위의 시학을 구현하게 되었다. 당위는 지금 존재하면서 조건이 없어야 하고, 아울러 미래에 있어서도 있을 것에 대하여 반드시 있어야만 한다는 전제를 내포한다. 밋밋하고 눈길을 끌기에는 다소 원론적으로 보일 수도 있는 여러 화두와 개념, 현안을 부드럽게 언어의 틀 안으로 끌어들여 리듬을 부여하는 작업은 그리 수월하지 않다. 사실 시의 주제가 본질적으로 '상투어'이거나 상투성에 근접한 개념인 까닭에 특이한 이론이나 주장, 충격을 주는 이슈와는 거리가 있는 장르일 수밖에 없다. 그러므로 시는 모름지기 당위의 재발견, 잊고 있던 사실을 언어의 힘에 실어 깨우쳐 주는 역할에 충실해야 한다. 한 정민 시인은 사람들이 자주 잊고 사는 당위의 명제를, 평범해 보이는 듯하지만, 내면의 울림이 있는 시행 사이사이로 우리에게 환기시켜 주고 있다.

마지막으로 인용하는 작품에서는 이러한 그의 시작 활동의 철학과 사유 구조의 일단이 잔잔하게 드러나 있다. 이 시선집 간행을 계기로 지금까지의 시 창작 작업의 성취와 아쉬움을 일별하면서 특히 삶과 인간사가 노정하는 어둠과 슬픔 너머 기쁨과 아름다움이 있음을 노래로 일깨우는 시인의 역할에 한층 더 매진하기를 당부한다. 한 정민 시인은 그러한 역할에 재능을 부여받았고 지금까지의 시작 활동이 그러한 임무에 최적의 상태로 충전, 조율되었기 때문이다.

어제와
오늘이 같은 것 같지만

나는 어제의 내가 아니다

…

걸어온 세월
나의 그림 속에는
슬픈 이야기가 많았지만

시의 붓으로
그리는 그림 속에는
가슴 설레는 기쁨도 살아있다

산다는 것은
슬픔의 바탕 위에 반짝이는
기쁨의 무늬를
수놓아 가는 일이다.

    - 「삶의 그림을 그리다」 부분

———————————————— 삶과 죽음의 갈림길에서

삶과 죽음의 갈림길에서
한정민 시집

발 행 일	2024년 5월 20일
지 은 이	한정민
발 행 인	李憲錫
발 행 처	오늘의문학사
출판등록	제55호(1993년 6월 23일)
주　　소	대전광역시 동구 대전로 867번길 52(삼성동 한밭오피스텔 401호)
전화번호	(042)624-2980
팩시밀리	(042)628-2983
카　　페	http://cafe.daum.net/gljang (문학사랑 글짱들)
인터넷신문	www.k-artnews.kr (한국예술뉴스)
전자우편	hs2980@daum.net
계좌번호	농협 405-02-100848 (이헌석 오늘의문학사)

공 급 처	한국출판협동조합
주문전화	(02)716-5616
팩시밀리	(02)716-2999

ISBN 979-11-6493-323-5
값 15,000원

ⓒ한정민 2024

* 이 책의 판권은 저작권자와 오늘의문학사에 있습니다.
* 이 책은 E-Book(전자책)으로 제작되어 ㈜교보문고에서 판매합니다.
* 잘못 만들어진 책은 구입하신 서점에서 교환해 드립니다.

문학사랑 시인선

018	조남익	광야의 씨앗
019	지봉성	고도
020	이근풍	아침에 창을 열면
021	나이현	들국화 향기 속에
022	이영옥	길눈
023	전성희	당신의 귀가 닫힌다
024	김기원	행복 모자이크
025	김영수	소쩍새 한 마리
026	고덕상	고요한 기다림
027	권상기	초록빛 그리움
028	김주현	분명한 모순
029	김해림	멈추지 않는 발걸음으로
030	김영우	갈맷길을 걸으며
031	이완순	海印을 찾다
032	엄기창	춤바위
033	장덕천	싸구려와 친구하다
034	조남익	흙빛의 말
035	김명배	달팽이 외나무다리 건너기
036	김화자	꽃잎 편지
037	조문자	매화 앞에서
038	정주탁	무지갯빛 추억
039	전성희	푸른 밤으로의 잠
040	한정민	진도 육자배기
041	김영우	비바 파파, 치유의 미소
042	이영옥	알사탕
043	김정아	갠지스강 모래톱에서
044	리헌석	공산성 바람소리
045	정진석	雜草를 뽑으며
046	최영호	다 읽어도 남은 편지
047	김창현	대청호 오백리 길
048	임강빈	바람, 만지작거리다
049	김창현	추억은 아름다워
050	신경자	계절의 그루터기
051	배정태	봄볕 잠시 머물다
052	김명배	천안 흥타령